¡TENEMOS TALENTO!

Para mi querida amiga Rose

H. W.

Para Winnie

P. B.

Título original: *We've Got Talent*
Texto: *Hannah Whitty*
Ilustraciones: *Paula Bowles*
1.ª edición: *enero de 2022*

Traducción: *Raquel Mosquera*
Maquetación: *El Taller del Llibre, S. L.*
Corrección: *Sara Moreno*

ISBN: 978-84-9145-523-3
Depósito legal: B-15.780-2021

Printed in China

¡TENEMOS TALENTO!

HANNAH WHITTY

PAULA BOWLES

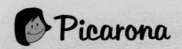

Picarona

Era la época del año favorita de Olivia.

Era el momento de la obra de teatro del colegio.

—¡Cálmate! —se reía mamá.

—¡Pero no puedo calmarme! —exclamó—. ¡Estoy demasiado ilusionada! ¡Este año la obra es sobre una princesa **y** un caballero! Y dando saltos se fue a prepararse para la gran prueba.

En la casa de Sam también había mucha emoción.
Nunca había participado en una obra de teatro.
—¡Papá, papá! –gritaba–. ¡Este año la obra del colegio
es sobre un caballero, una princesa **y** un dragón!
¡Voy a hacer una prueba!

Y dicho esto, se apresuró a subir a practicar.

Sam practicaba
todo lo que podía.

Practicaba frente
al espejo.

Practicaba en la bañera.

$$1 + 1 = 2 \qquad 2 + 2 = 4 \qquad 3 + 3 = 6$$

$$1 + 2 \;+\; 1234 =$$

Incluso practicaba durante la clase de matemáticas
del señor Pitágoras.

En la casa de Olivia había mucho ruido...

—¿Qué es todo ese alboroto? –preguntó mamá
asomando la cabeza por la puerta.
—¡Estoy practicando mi voz en el escenario! –explicó Olivia.

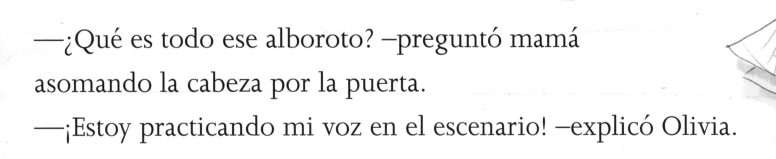

Finalmente, llegó el gran día: el día de la prueba.
Sam estaba un poco nervioso, pero sus pasos de baile eran
espectaculares.

Olivia no estaba nerviosa en absoluto
y dijo todas sus frases perfectamente.

—¡Buen trabajo, chicos! –dijo la señorita Binks–.
El reparto de papeles se anunciará mañana.

Esa noche, Sam y Olivia no podían dormir.

«Espero conseguir el papel que quiero», pensaba.

ESTRELLAS DEL BAILE

Olivia estaba practicando su mejor cara de alegría.
«Tengo que estar preparada por si consigo el
papel que quiero», pensaba.

FACTOR ESTRELLA

A la mañana siguiente, el reparto de papeles estaba colgado en una gran lista en el salón de actos de la escuela.

LISTA DE REPARTO

Caballero valiente .... Sam
Princesa bailarina .... Olivia

Dragón .... Toby
Reina .... Rose
Rey .... Leo
Paisanos .... Marc, Viki,
Jennifer, Jason, Ruth, Laura, Michael, Angela
.... Beth, Chloe,
Ovejas ....
Mark, Katie, Jacob, Milo

La escuela primaria de Big City
presenta...

La Princesa, El Caballero, y el Dragón

Viernes 14:00 h.   Salón de actos

Menú del mediodía

Pescado y patatas fritas
Macarrones con queso

Arroz con leche
Macedonia

SUPERGATO VISITA
LA ESCUELA

LUNES 10:00 h.

—¿**Cómo?** –dijo Sam con tristeza–. Pero yo tenía muchas ganas de ser la princesa.

—¿**Cómo?** –dijo Olivia con mala cara–. ¡Se SUPONE que yo soy el caballero!

En los ensayos, Sam se puso el traje de caballero y probó algunos de sus mejores pasos de baile. Pero fue inútil.

El traje era demasiado pesado y la espada le estorbaba.

No se sentía a gusto.

Cuando Olivia vio el guion se horrorizó. La princesa no tenía frases, ¡sólo bailaba! Olivia intentó hablar, pero...

—La hermosa princesa baila con mucha gracia —dijo la señorita Binks—. ¡No necesita hablar! Bueno... ¡ESO no estaba nada bien!

Sam observó a Olivia mientras intentaba hacer un giro y se caía.

—¿Estás bien? –preguntó.

—Sí –dijo Olivia–. Es sólo que **no** me gusta bailar.

¡Sam no se lo podía creer!
—¡Me **encanta** bailar!
–gritó–. ¡Es la sensación
más mágica del mundo!

Pero en mi papel no hay
que bailar, sino decir
muchas palabras. Hablar
delante de toda esa gente
da miedo.

—Sam —dijo Olivia sonriendo
de repente—. ¡Tengo una idea!
Así que juntos urdieron un
plan...

Tras semanas de ensayos, ¡por fin
llegó la noche del estreno!

B1   B2   B3   B4   B5

El escenario estaba preparado, las luces listas,
el público en silencio, y entonces…

... el telón se levantó.

—¡Ésta es la historia de una princesa muy inteligente y valiente!
—anunció Olivia ajustando su corona y su espada—. ¡Y el más
talentoso y sorprendente caballero bailarín!

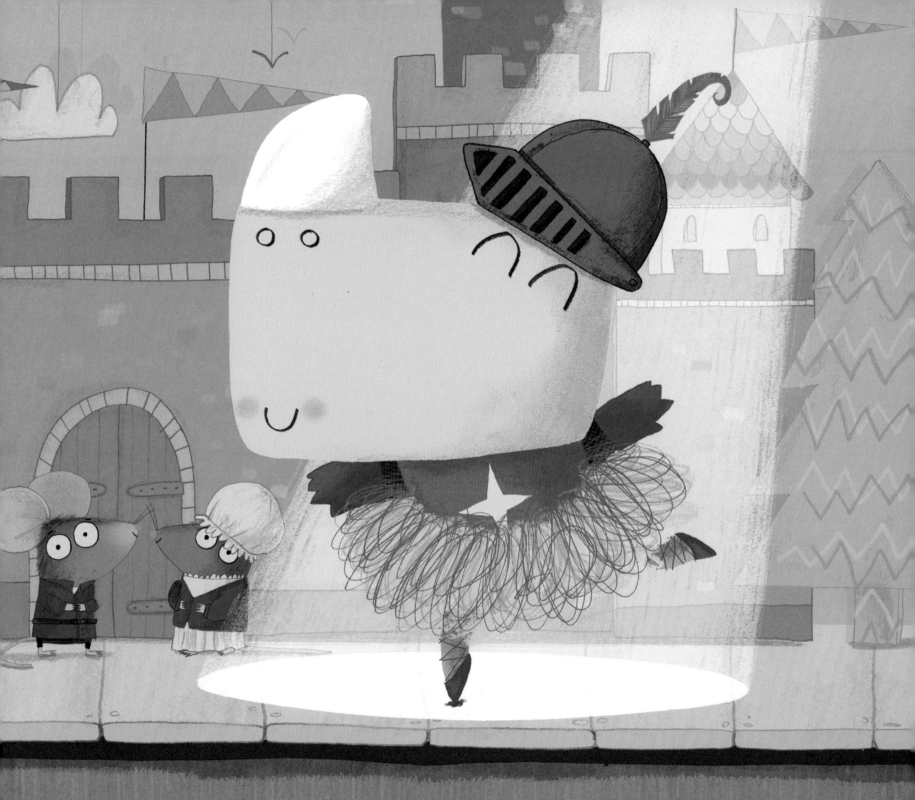

Sam saltó al escenario con su brillante tutú y su reluciente casco de caballero. Dio el más espectacular de los giros y la obra comenzó.

El público se quedó
boquiabierto
mientras Sam

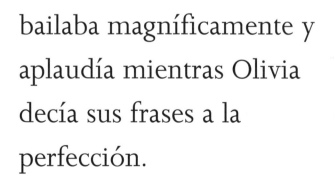

bailaba magníficamente y
aplaudía mientras Olivia
decía sus frases a la
perfección.

Juntos, la inteligente y valiente princesa y el
asombroso caballero bailarín derrotaron al
gran dragón malo y salvaron la situación.

—¡Olivia, has estado **genial!** –le dijo su mamá después de la obra, dándole un gran abrazo.

—¡Bien hecho, Sam! –dijo su papá–. ¡Estoy **muy** orgulloso de ti!

Justo en ese momento, la señorita
Binks se acercó con un estruendo.
—Oh-oh –dijo Sam.
—Oh-oh –dijo Olivia.

¡Ahora, sin duda, estaban
metidos en un lío!

—¡Me ha encantado! —dijo la señorita Binks.

Y también a todos los demás...
¡HURRA!